エダジュン

ネオ餃子

PARCO出版

はじめに

　よく友人との会話の中で、「好きな料理、苦手な料理」の話をするのですが、寿司、カレーの大人気料理でさえ、得意でない方もいるのに、餃子に関しては苦手の言葉を一度も聞いたことがなく、万人に愛されている料理だなと思うのです。そんな愛され餃子をさらに魅力的な料理とするために、**新しい提案の餃子＝ネオ餃子**のレシピ本を作りました。

　餃子はタネをいろいろと変えるだけで、味に変化がでます。本書では、和、洋、中、エスニックと幅広いタネレシピを掲載しています。ハーブを使ったり、納豆を入れたり、時には肉を使わず豆腐だけ入れたりと、意外で驚きな組み合わせもあり、バラエティ豊富な味の広さを感じていただけます。

　また、焼き、蒸し、ゆで、揚げと、4種類の調理方法を提案していて、焼いた時の香ばしさ、蒸した時のふっくら感、ゆでた時のつるっと食感、揚げた時のサクサク感と、調理方法を変えるだけで食感も変わって、最後まで飽きずに楽しめます。包み方を変えると、見た目も華やかになったり、食べやすくなったりして、家庭で食べるイメージの餃子も、おもてなし料理へ大変身します。本書では、それぞれの餃子に合う**オリジナルタレ**の提案もしているのでタレを作ってその餃子が完成という、これまた新しい餃子の提案をしています。

　なるべく作りやすく、食材や調味料も少ないレシピを意識しました。そして、餃子が74レシピ掲載されている中から、お気に入りの1品があったら著者としてとっても幸せなことです。

　熱々の餃子を口いっぱいに頬張ってビールを飲む時、僕はいつも幸せを感じます。肉汁、野菜の甘さ、皮の食感、一口でいろいろな味が楽しめて、自然とにっこりする料理が餃子です。そんな瞬間をこのレシピ本から皆様へお届け出来たらうれしいです。ぜひ、ネオ餃子の世界を楽しんでください。

　　　　　　　　　エダジュン

はじめに………………………3

本書について（餃子の皮・餃子の包み方）………6

餃子の包み方：定番型…………6

餃子の包み方：半円型・折り込み型…………7

餃子の包み方：三角型・四角型………………8

餃子の包み方：一口丸型・小籠包型…………9

餃子の包み方：マンドゥ型・ラビオリ型……10

餃子の包み方：キャンディー型・風車型……11

焼き餃子

鶏肉とバジルのガパオ焼き餃子…………14

メキシカン風タコス焼き餃子………………16

タンドリーチキン焼き餃子…………………17

羽根付きバイマックルー焼き餃子…………18

野菜巻き！ベトナム風焼き餃子……………20

キョフテ焼き餃子……………………………21

粉チーズパリパリ！フレンチ焼き餃子……22

マルゲリータ餃子ピザ………………………24

サルシッチャ風焼き餃子……………………24

ジェノベーゼ焼き餃子………………………24

オニオンチェダー焼き餃子…………………28

チキンレモンバター焼き餃子………………30

あさりとグリンピースのソルト焼き餃子……31

チャプチェ焼き餃子…………………………32

豚肉としいたけのルーローハン焼き餃子……34

豚肉とザーサイの花椒焼き餃子……………35

たこ焼き風焼き餃子…………………………36

おやき風黒胡椒焼き餃子……………………38

ツナ明太ポテト焼き餃子……………………38

ししとう丸ごと1本包む棒餃子……………38

豚肉と納豆焼き餃子…………………………42

かつお節まみれ！おかか鮭焼き餃子………43

鶏と里芋の塩昆布焼き餃子…………………44

海老シュウマイ風焼き餃子…………………45

ゴーヤチャンプルー風焼き餃子……………46

蒸し餃子

水切り豆腐と枝豆の和風蒸し餃子…………48

よだれ鶏風蒸し餃子…………………………48

ニラ玉蒸し餃子………………………………48

まるで小籠包みたいな蒸し餃子(鶏肉ver)……52

まるで小籠包みたいな蒸し餃子(豚肉ver)……54

高菜と明太子の蒸し餃子……………………56

ブランダード蒸し餃子………………………57

カリフラワーのアンチョビバター蒸し餃子……58

ゴルゴンゾーラ香る！マッシュルーム蒸し餃子……59

ぷりっぷり！海老のねぎ塩蒸し餃子………60

しらすのペペロンチーノ蒸し餃子…………62

ドライトマトのパセリ蒸し餃子……………63

鶏ささみとわかめの生姜蒸し餃子…………64

豚肉と筍の梅ひじき蒸し餃子………………65

塩麹むね肉の発酵蒸し餃子…………………66

目次

水餃子

キャロットラペ風水餃子……………………… 68
生ハムとアボカドの水餃子 …………………… 68
クラムチャウダー水餃子 ……………………… 68
スモークサーモンとディルの北欧水餃子…… 72
トマトとベーコンの洋風水餃子 ……………… 73
豚肉とキャベツの豆乳スープ餃子 ………… 74
台湾風酢白菜水餃子 …………………………… 76
桜エビとニラの担々水餃子 …………………… 77
鶏肉とクレソンのアジアンスープ餃子 ……… 78
サルティンボッカ風水餃子 …………………… 80
はんぺんとゆかりのチーズ水餃子 …………… 81
トマトすき焼き餃子 …………………………… 82
厚揚げ豆腐としらすの冷やし水餃子 ………… 84
梅とオクラの大根おろし水餃子 ……………… 85
砂肝と長芋のしょうゆ麹水餃子 ……………… 86
鶏肉と切り干し大根の柚子胡椒水餃子 ……… 87
もつ鍋風餃子鍋 ………………………………… 88

揚げ餃子

海老1本包み！エビフライ揚げ餃子 ……… 90
インド風サモサ揚げ餃子 ……………………… 90
ラム肉とパクチーのクミン揚げ餃子………… 90
タイ風ラープ揚げ餃子 ………………………… 94
ヤムウンセン揚げ餃子 ………………………… 96
黒酢あんかけ揚げ餃子 ………………………… 97
サバ缶とキャベツの大葉揚げ餃子 ………… 98
いかと春菊のワタみそ揚げ餃子 …………… 99
マンドゥ揚げ餃子 …………………………… 100
豚肉ととれんこんの生姜揚げ餃子 ………… 102
牛肉と白菜のガーリックバター揚げ餃子… 103
豚バラ肉と千切り生姜の揚げ餃子 ………… 104
ごはんin！TKG揚げ餃子 ………………… 105
たらこ餅チーズ揚げ餃子……………………… 106
ベーコンさつまいも揚げ餃子 ……………… 108
とうもろこしとブルーチーズの揚げ餃子…… 108
タルタルハム揚げ餃子……………………… 108

目次

本書について

餃子の皮

本書は気軽に餃子を楽しんで欲しいという気持ちと、手作りの皮よりサイズ感が安定し作りやすいため、市販の餃子の皮を使用するレシピとしています。1パック"直径8.5cm・20〜25枚"と想定し、その個数が作れるようなレシピをご紹介しています。サイズの違う皮を使用する場合は、包む具材の量を適宜調節してください。

餃子の包み方

餃子を見た目でも楽しんでもらえるよう、定番の包み方に加え、半円、三角、四角、一口丸型、ラビオリ型、キャンディー型、風車型など、バリエーション豊かな包み方を提案しています。それぞれの餃子のレシピにおすすめの包み方を［P00：○○型参照］という形で記載しておりますので、包み方の参考にしてください。お好みや気分で別の包み方に変えてもOKです。
また、水餃子、揚げ餃子を皮で包む際はタネが外に出ないように、水溶き薄力粉（水、薄力粉各大さじ1）を水の代わりに塗ると安心です。

（ 定番型 ）　ベーシックな餃子といえばこの包み方！王道の包み方をマスターして。

1　餃子の皮の縁に水を1周塗る。

2　皮の真ん中にタネをのせる。

3　皮を軽く半分折り返す。

4　3の端から2cmほどの部分に上の皮を寄せてひだを作る。

5　4を等間隔で4〜5回繰り返す。

完成

> **半円型** 定番型をよりシンプルに、上部をくっつけるだけで作りやすい！

1　餃子の皮の縁に水を1周塗る。

2　皮の真ん中にタネをのせる。

3　皮を半分折り返す。

4　皮の縁をしっかり押さえてくっつける。

完成

> **折り込み型** 端を折り込んでいくだけで簡単。タネが外に出にくいメリットも！

1　餃子の皮の縁に水を1周塗る。

2　皮の真ん中にタネをのせる。

3　皮を半分折り返してくっつける。

4　皮の端から5mm幅で内側に1回折り込む。

5　4を4〜5回繰り返してくっつける。

完成

三角型 　三角形にするだけで、見た目も華やか！焼き、蒸し餃子が特におすすめ。

1　餃子の皮の縁に水を1周塗る。　　2　皮の真ん中にタネをのせる。　　3　三角になるように角を持つ。

4　一辺を真ん中までくっつける。　　5　残りの二辺を真ん中までくっつける。　　完成

四角型 　四角形は底辺が広いので、安定感抜群。洋風餃子にもおすすめ。

1　餃子の皮の縁に水を1周塗る。　　2　皮の真ん中にタネをのせる。　　3　四角になるように角を持つ。

4　二辺を真ん中までくっつける。　　5　残りの二辺を真ん中までくっつける。　　完成

一口丸型　パクッと一口で食べられるサイズ感で、おつまみにもピッタリ。

1　餃子の皮の縁に水を1周塗る。

2　皮の真ん中にタネをのせる。

3　包み込むように持ち、反時計周りにひだを1つ作る。

4　ひだを重ねて折り込みながら3を5～6回繰り返す。

5　全体を軽く押さえて形を整える。

完成

小籠包型　見た目はまるで小籠包のよう。蒸し、水餃子向きでおもてなしにも！

1　餃子の皮の縁に水を1周塗る。

2　皮の真ん中にタネをのせる。

3　包み込むように持ち、反時計周りにシワを1回寄せる。

4　シワを寄せながら3を5～6回繰り返す。

5　中心をギュッとねじる。

完成

マンドゥ型　韓国餃子では定番の包み方。真ん丸な見た目ですが、タネも多く入ります。

1　餃子の皮の縁に水を1周塗る。

2　皮の真ん中にタネをのせる。

3　皮を半分折り返してくっつける。

4　皮の半円部の端に水を塗る。

5　左右を丸めて端と端をくっつける。

完成

ラビオリ型　イタリア料理のパスタの包み方。洋風なタネと相性が良い。

1　餃子の皮の縁に水を1周塗る。

2　皮の真ん中にタネをのせる。

3　皮を半分折り返してくっつける。

4　皮の縁に沿ってフォークを押し付け、形をつける

完成

> **キャンディー型**　ソーセージのような形で食べやすく、表面がカリッとして美味しい。

1　餃子の皮の縁に水を1周塗る。

2　皮の下から1/3のところにタネをのせる。

3　下から上に真ん中まで折り込む。

4　右、左からそれぞれ折り込む。

5　下から上まで最後まで包み込む。

完成

> **風車型**　4枚の羽根に存在感があり、おもてなしにもピッタリな包み方。

1　餃子の皮の縁に水を1周塗る。

2　皮の真ん中にタネをのせる。

3　四角になるように角を持ち、二辺を真ん中までくっつける。

4　残りの二辺を真ん中までくっつける。

5　立ち上がった4枚の皮を反時計回りに倒す。

完成

焼き餃子

鶏肉とバジルのガパオ焼き餃子

タイ料理のガパオライスをイメージした餃子。
バジルのトッピングでさらに香り豊かに。
ナンプラーレモンタレが相性抜群。

焼き餃子

材料 25〜30個分

餃子の皮…25〜30枚

A
鶏ももひき肉…200g
ピーマン(角切り)…2個
玉ねぎ(みじん切り)…1/4個(50g)
バジル(茎から葉をとり手でちぎる)…葉10枚(8g)
ナンプラー…小さじ2
オイスターソース…小さじ2
砂糖…小さじ1/2

油…大さじ1

ナンプラーレモンタレ

レモン汁…大さじ1
ナンプラー…小さじ2
鷹の爪(種をとる・輪切り)…1/2本

作り方

1 ボウルに**A**を入れてよく混ぜる。

2 **1**を餃子の皮で包む。[P6:定番型参照]

3 フライパンに油をひき、中火で**2**を並べて2〜3分焼く。皮の表面に焼き色がついたら、水100mlを入れて蓋をして、水気がなくなるまで蒸し焼きにする。

4 器に取り出し、混ぜたナンプラーレモンタレをつけていただく。お好みでレモン(分量外)を追加したり、バジル(分量外)を添えても。

メキシカン風タコス焼き餃子

トルティーヤを餃子の皮で再現。具材を詰めるので大判もおすすめ。

材料 10〜15個分

餃子の皮…10〜15枚
牛豚あいびき肉…150g
ミニトマト(縦4等分,さらに横半分に切る)…3個
サニーレタス(千切り)…葉1枚
ピザ用チーズ…20g
油…小さじ2

A
| ケチャップ…大さじ3
| ウスターソース…小さじ2
| オレガノパウダー…小さじ1/2
| チリパウダー…小さじ1/2

作り方

1 アルミホイルを縦6cm×直径2cmの筒状に丸める。

2 1の筒を包むように餃子の皮を巻き、オーブントースター(1200W)でうっすらと焼き色がつくまで3〜4分焼く。それを個数分作る。

3 フライパンに油をひき、中火であいびき肉を炒める。半分ほど火が通ったら、**A**で味付けをする。

4 2の餃子の皮の空洞に**3**、ミニトマト、レタス、ピザ用チーズをのせる。

タンドリーチキン焼き餃子

飴色玉ねぎの甘さがクセになる、おつまみにぴったりなやみつき餃子。

焼き餃子

材料 20〜25個分

餃子の皮…20〜25枚

A
- 鶏ももひき肉…200g
- 飴色玉ねぎ…全量［作り方1参照］
- ケチャップ…大さじ1
- カレー粉…小さじ1
- すりおろしにんにく…小さじ1
- 塩…小さじ1/2

オリーブ油…大さじ1

ヨーグルトカレータレ

ヨーグルト（無糖）…大さじ2
マヨネーズ…小さじ1
カレー粉…小さじ1/4
塩…ひとつまみ

作り方

1. ［飴色玉ねぎを作る］飴色玉ねぎは、フライパンにバター10gをひき、中火で薄切り玉ねぎ1玉（200g）を炒める。しんなりとしたら、しょうゆ小さじ2で味付けをし、5分ほど炒めて冷ます。
2. ボウルに**A**を入れて混ぜる。
3. **2**を餃子の皮で包む。［P8:三角型参照］
4. フライパンにオリーブ油をひき、中火で**3**を並べて2〜3分焼く。皮の表面に焼き色がついたら、水100mlを入れて蓋をして、水気がなくなるまで蒸し焼きにする。
5. 器に取り出し、混ぜたヨーグルトカレータレをつけていただく。

羽根付きバイマックルー焼き餃子

バイマックルーはタイのハーブで、こぶみかんの葉、
ライムリーフと呼ばれることもある柑橘の葉です。
生のハーブが手に入らない際は、乾燥で代用してもOK。

焼き餃子

材料 20〜25個分

餃子の皮…20〜25枚
鶏ももひき肉…150g
むきえび(粗めのみじん切り)…50g
白菜(みじん切り)…100g
バイマックルー…8枚
ナンプラー…大さじ1
すりおろしにんにく…小さじ1/2
油…大さじ1

A｜水…100ml
　｜薄力粉…小さじ2

ライムナンプラータレ

ライム汁…大さじ1
ナンプラー…小さじ1/2
鷹の爪(種をとる・輪切り)…1/2本

[トッピング]

パクチー…お好み量

作り方

1　白菜は塩ひとつまみ(分量外)を揉み込み、汁気をしっかりと絞る。バイマックルーは生の場合は、軸をとり葉を千切り。乾燥の場合は軸をとり細かく砕く。

2　ボウルに**1**、鶏ひき肉、むきえび、ナンプラー、にんにくを入れてこねる。

3　**2**を餃子の皮で包む。[P6：定番型参照]

4　フライパンに油をひき、中火で**3**を並べて2〜3分焼く。皮の表面に焼き色がついたら、混ぜた**A**を入れて蓋をして、水気がなくなるまで蒸し焼きにする。

5　器に取り出し、混ぜたライムナンプラータレをつけていただく。お好みでトッピングのパクチーを添える。

野菜巻き！ベトナム風焼き餃子

ベトナムの揚げ春巻きをイメージ。レタスやハーブと一緒に包んでぜひ。

材料 20～25個分

餃子の皮…20～25枚

A
- 豚ひき肉…180g
- カニカマ（5mm幅の小口切り）…60g
- ナンプラー…大さじ1
- 小ねぎ（2～3mm幅の小口切り）…4本
- 黒こしょう…小さじ1/4

油…大さじ1

[トッピング野菜]

サニーレタス・パクチー…各適量

(スイチリレモン)

スイートチリソース…大さじ2
レモン汁…小さじ2

作り方

1 ボウルにAを入れてこねる。
2 1を餃子の皮で包む。[P7：半円型参照]
3 フライパンに油をひき、中火で2を並べて2～3分焼く。皮の表面に焼き色がついたら、水100mlを入れて蓋をして、水気がなくなるまで蒸し焼きにする。
4 器に取り出し、サニーレタス、パクチー、お好みのハーブ（分量外）の上にのせて、混ぜたスイチリレモンをつけていただく。

キョフテ焼き餃子

トルコ料理のスパイス入りハンバーグを餃子のタネにアレンジ。

材料 20～25個分

餃子の皮…20～25枚
牛豚あいびき肉…180g
玉ねぎ(みじん切り)…1/2個(100g)
スペアミント…葉40枚ほど(10g)
クミンシード…小さじ1/2
塩…小さじ1/2
オリーブ油…大さじ1
A │ 牛乳…大さじ1
  │ パン粉…1/4カップ(10g)

ヨーグルトカレータレ

ヨーグルト(無糖)…大さじ2
マヨネーズ…小さじ1
カレー粉…小さじ1/4

作り方

1. 耐熱ボウルに玉ねぎを入れて、ふんわりとラップをし、電子レンジ(600W)で2分温めて、冷まして水気をきる。
2. ボウルにあいびき肉、**1**、浸した**A**、スペアミント、クミンシード、塩を入れてこねる。
3. **2**を餃子の皮で包む。[P8:四角型参照]
4. フライパンにオリーブ油をひき、中火で**3**を並べて2～3分焼く。皮の表面に焼き色がついたら、水100mlを入れて蓋をして、水気がなくなるまで蒸し焼きにする。
5. 器に取り出し、混ぜたヨーグルトカレータレをつけていただく。

粉チーズパリパリ！フレンチ焼き餃子

羽根付き餃子の皮に粉チーズとバジルを加えて洋風な味わいに。
トマトマリネと合わせて食べると最後までスッキリ。
華やかな見た目でおもてなしにも。

焼き餃子

材料 20〜25個分

餃子の皮…20〜25枚

A
豚ひき肉…200g
セロリ（茎も葉もみじん切り）…1/2本（40g）
黒オリーブ（種なし・粗みじん切り）…10g
塩…小さじ1/2

オリーブ油…大さじ1

B
水…100ml
薄力粉…小さじ2
粉チーズ…小さじ1
乾燥バジル…小さじ1/2

（トマトマリネ）

ミニトマト（縦4等分、さらに横半分に切る）
…4個
白ワインビネガー（または酢）…大さじ1
はちみつ…小さじ1/2
塩…ひとつまみ

作り方

1　ボウルに**A**を入れてこねる。
2　**1**を餃子の皮で包む。［P6：定番型参照］
3　フライパンにオリーブ油をひき、中火で**2**を並べて2〜3分焼く。皮の表面に焼き色がついたら、混ぜた**B**を入れて蓋をして、水気がなくなるまで蒸し焼きにする。
4　器に取り出し、混ぜたトマトマリネをのせていただく。

23

イタリアンでお馴染みのマルゲリータやジェノベーゼを餃子でも。

焼き餃子

マルゲリータ餃子ピザ

定番のマルゲリータピザを餃子の皮で。どこを食べてもパリパリ食感！

材料 10枚分

餃子の皮…10枚
ベーコン（薄切り・5mm幅）…50g
ミニトマト（2mm幅の薄切り）…5個
モッツァレラチーズ（ピザ用チーズ）…60g

A
ケチャップ…大さじ5
乾燥バジル…小さじ1/2
すりおろしにんにく…　小さじ1/4

作り方

1 餃子の皮に混ぜた**A**を塗り、ベーコン、ミニトマト、モッツァレラチーズをのせる。
2 1200Wのオーブントースターで3〜5分カリッと焼く。お好みで乾燥バジル（分量外）を散らしても。

サルシッチャ風焼き餃子

豚肉とベーコンでサルシッチャ＝ハーブソーセージ風の奥深い味わいに。

材料 20〜25個分

餃子の皮…20〜25枚

A
豚ひき肉…150g
ベーコン（薄切り・みじん切り）…50g
ローズマリー（乾燥でも可・みじん切り）
…2枝（2g）
塩…小さじ1/2

オリーブ油…大さじ1

粒マスタードビネガー

白ワインビネガー（酢でも可）…大さじ1
粒マスタード…小さじ1
砂糖・塩…各ひとつまみ

作り方

1 ボウルに**A**を入れてこねる。
2 **1**を餃子の皮で包む。[P11：キャンディー型参照]
3 フライパンにオリーブ油をひき、中火で**2**を並べて2〜3分ころがしながら焼く。皮の表面に焼き色がついたら、水100mlを入れて蓋をして、水気がなくなるまで蒸し焼きにする。
4 器に取り出し、混ぜた粒マスタードビネガーをつけていただく。

ジェノベーゼ焼き餃子

パスタでお馴染みのジェノバ味を餃子で。いんげんの食感がアクセント。

材料 20〜25個分

餃子の皮…20〜25枚
鶏ももひき肉…200g
いんげん（小口切り）…8本（40g）

A
バジル（みじん切り）…葉10枚（8g）
オリーブ油…大さじ1
粉チーズ…小さじ2
すりおろしにんにく…小さじ1/4
塩…小さじ1/2

オリーブ油…大さじ1

作り方

1 ボウルに**A**を入れて混ぜる。
2 **1**に鶏ひき肉、いんげんを入れて混ぜる。
3 **2**を餃子の皮で包む。[P8：三角型参照]
4 フライパンにオリーブ油をひき、中火で**3**を並べて2〜3分焼く。皮の表面に焼き色がついたら、水100mlを入れて蓋をして、水気がなくなるまで蒸し焼きにする。
5 器に取り出し、そのままいただく。

焼き餃子

オニオンチェダー焼き餃子

じっくり炒めた玉ねぎの旨みをふんだんに味わえる1品。
チェダーチーズの濃厚さもプラスされて、お酒のつまみにも。
ピリ辛のタレも食欲をそそります。

焼き餃子

材料 20～25個分

餃子の皮…20～25枚

A
- 鶏ももひき肉…180g
- 飴色玉ねぎ…全量［作り方1参照］
- チェダーチーズ（スライス・1cm角に切る）…3枚（約50g）
- 塩…小さじ1/2

オリーブ油…大さじ1

チリペッパータレ
ケチャップ…大さじ1
酢…小さじ1
タバスコ…2滴

作り方

1　［飴色玉ねぎを作る］飴色玉ねぎは、フライパンにバター10gをひき、中火で薄切り玉ねぎ1玉（200g）を炒める。しんなりとしたら、しょうゆ小さじ2で味付けをし、5分ほど炒めて冷ます。

2　ボウルに**A**を入れてこねる。

3　**2**を餃子の皮で包む。［P10：ラビオリ型参照］

4　フライパンにオリーブ油をひき、中火で**3**を並べて2～3分焼く。皮の表面に焼き色がついたら、水100mlを入れて蓋をして、水気がなくなるまで蒸し焼きにする。

5　器に取り出し、混ぜたチリペッパータレをつけていただく。

チキンレモンバター焼き餃子

レモンの酸味とバターのコクがじゅわ〜っと口いっぱい広がります。

材料 20〜25個分

餃子の皮…20〜25枚
鶏ももひき肉…200g
玉ねぎ(みじん切り)…1/2個(100g)
A │ レモン汁…大さじ1
　│ コンソメスープの素(顆粒)…小さじ2
　│ 溶かしバター(有塩)…5g
オリーブ油…大さじ1

作り方

1 耐熱ボウルに玉ねぎを入れて、ふんわりとラップをし、電子レンジ(600W)で2分温めて、冷まして水気をきる。
2 ボウルに1、鶏ひき肉、Aを入れてこねる。
3 2を餃子の皮で包む。[P7:折り込み型参照]
4 フライパンにオリーブ油をひき、中火で3を並べて2〜3分焼く。皮の表面に焼き色がついたら、水100mlを入れて蓋をして、水気がなくなるまで蒸し焼きにする。
5 器に取り出し、そのままいただく。

あさりとグリンピースのソルト焼き餃子

あさりの旨みとグリーンピースのプチッとした食感が好相性。

焼き餃子

材料 20〜25個分

餃子の皮…20〜25枚
鶏ももひき肉…100g
あさり(冷凍・むき身)…100g
グリーンピース(冷凍・むき身)…50g
塩…小さじ1/2
オリーブ油…大さじ1

レモンおろし

大根おろし…大さじ4(60g)
レモン汁…小さじ1
塩…ひとつまみ
オリーブ油…小さじ1/2

作り方

1 あさり、グリンピースは解凍し、水気をキッチンペーパーで拭く。
2 ボウルに1、鶏ひき肉、塩を入れて混ぜる。
3 2を餃子の皮で包む。[P7:半円型参照]
4 フライパンにオリーブ油をひき、中火で3を並べて2〜3分焼く。皮の表面に焼き色がついたら、水100mlを入れて蓋をして、水気がなくなるまで蒸し焼きにする。
5 器に取り出し、混ぜたレモンおろしを添えていただく。

チャプチェ焼き餃子

韓国の牛肉のはるさめ炒め風を餃子にギュッと詰め込んで。
肉の旨みをたっぷりと吸ったはるさめが味の決め手。
もやしナムルと一緒に食べるとさっぱり美味しい。

焼き餃子

材料 20〜25個分

餃子の皮…20〜25枚
牛ひき肉…180g
小松菜…2株（100g）
緑豆はるさめ…20g

A｜ しょうゆ…小さじ2
　｜ 鶏ガラスープの素（顆粒）…小さじ2
　｜ すりおろしにんにく…小さじ1/2

ごま油…大さじ1

もやしナムル

もやし…1/2パック（100g）
酢…小さじ1
コチュジャン…小さじ1
しょうゆ…小さじ1
ごま油…小さじ1/2

作り方

1　たっぷり沸かした熱湯に小松菜を入れて2分ほどゆで、1cm幅に切る。次にもやしナムル用
　　のもやしを2分ほどゆで、水気をしっかりときる。最後にはるさめを入れて4分ほど煮て、水
　　気をきり、1cm幅に切る。

2　ボウルに牛ひき肉、1の小松菜、はるさめ、Aを入れて混ぜる。

3　2を餃子の皮で包む。[P10：マンドゥ型参照]

4　フライパンにごま油をひき、中火で3を並べて2〜3分焼く。皮の表面に焼き色がついたら、
　　水100mlを入れて蓋をして、水気がなくなるまで蒸し焼きにする。

5　器に取り出し、混ぜたもやしナムルをのせていただく。

33

豚肉としいたけのルーローハン焼き餃子

台湾の豚角煮ののっけ丼を餃子で再現。五香粉で本格的な味わいに。

材料 20〜25個分

餃子の皮…20〜25枚

豚ひき肉…180g

白菜(みじん切り)…100g

しいたけ(みじん切り)…3個(約40g)

A ┃ オイスターソース…大さじ2
　 ┃ しょうゆ…小さじ2
　 ┃ 五香粉…小さじ1

ごま油…大さじ1

(レモン胡椒タレ)

レモン汁…大さじ2

黒こしょう…小さじ1/4

塩…ふたつまみ

作り方

1　ボウルに白菜、塩ひとつまみ(分量外)を入れて揉み込み、水気をしっかりと絞る。

2　1に豚ひき肉、しいたけ、**A**を入れてよくこねる。

3　2を餃子の皮で包む。[P11:風車型参照]

4　フライパンにごま油をひき、中火で3を並べて2〜3分焼く。皮の表面に焼き色がついたら、水100mlを入れて蓋をして、水気がなくなるまで蒸し焼きにする。

5　器に取り出し、混ぜたレモン胡椒タレをかけていただく。

豚肉とザーサイの花椒焼き餃子

花椒のピリッとしびれるアクセントとザーサイの食感がクセになる。

焼き餃子

材料 20〜25個分

餃子の皮…20〜25枚
豚ひき肉…180g
キャベツ(みじん切り)…100g
A ┃ ザーサイ(味付け・粗めのみじん切り)…40g
　 ┃ 花椒(ミルで挽く)…小さじ1
　 ┃ オイスターソース…大さじ2
ごま油…大さじ1

作り方

1 ボウルにキャベツ、塩ひとつまみ(分量外)を入れて揉み込み、水気をしっかりときる。
2 1に豚ひき肉、Aを入れてよくこねる。
3 2を餃子の皮で包む。[P6:定番型参照]
4 フライパンにごま油をひき、中火で3を並べて2〜3分焼く。皮の表面に焼き色がついたら、水100mlを入れて蓋をして、水気がなくなるまで蒸し焼きにする。
5 器に取り出し、そのままいただく。お好みでミルで挽いた花椒(分量外)をかけても。

たこ焼き風焼き餃子

まるでたこ焼き！食べてビックリな味わいです。
餃子の皮のもちもち感も楽しんで。
一口サイズで食べやすく。パーティーやおつまみにも。

焼き餃子

材料 20～25個分

餃子の皮…20～25枚
タコ(粗めのみじん切り)…100g
鶏ももひき肉…100g
キャベツ(みじん切り)…100g
塩・黒こしょう…各ひとつまみ
油…大さじ1

たこ焼きソース

ソース(ウスター・とんかつ・たこ焼き等
お好みのもの)…大さじ1
マヨネーズ…大さじ1
かつお節…1パック(4g)
青のり…小さじ1/4

作り方

1 ボウルにキャベツを入れて、塩、黒こしょうをふり、よく揉み込み、しんなりしたら、水気をしっかりときる。
2 1、タコ、鶏ひき肉を入れて混ぜる。
3 2を餃子の皮で包む。[P9：一口丸型参照]
4 フライパンに油をひき、中火で3を並べて2～3分焼く。皮の表面に焼き色がついたら、水100mlを入れて蓋をして、水気がなくなるまで蒸し焼きにする。
5 器に取り出し、ソース、マヨネーズ、かつお節、青のりをかける。

箸が止まらなくなる、おつまみにぴったりのアレンジ餃子。

焼き餃子

おやき風黒胡椒焼き餃子

台湾のこしょう餅をイメージ。しっかりと両面焼くのがコツ。

材料 10〜12個分

餃子の皮…20〜24枚

A

豚ひき肉…180g
ニラ(みじん切り)…2本(20g)
オイスターソース…大さじ1と1/2
しょうゆ…小さじ1
黒こしょう…小さじ1
すりおろししょうが…小さじ1/2

水溶き薄力粉…適量
ごま油…大さじ2

作り方

1 ボウルに**A**を入れてこねる。
2 1枚の餃子の皮に**1**をのせて、縁に水溶き薄力粉を塗り、もう1枚を重ねてしっかりとくっつける。それを個数分作る。
3 2回に分けて焼く。フライパンに半量のごま油をひき、中火で**2**の半量を両面4〜5分ずつ焼く。この工程をもう1回行う。

ツナ明太ポテト焼き餃子

ほくほくなじゃがいもにツナ明太のコク旨が加わった1品。

材料 20〜25個分

餃子の皮…20〜25枚
ツナ缶(オイル漬け・汁気をきる)…1缶(70g)
じゃがいも…1個(150g)
明太子(皮をはぐ)…40g
しょうゆ…小さじ1
バター(有塩)…20g

作り方

1 じゃがいもは皮をむき、表面を水に濡らし、濡れたキッチンペーパー、ラップの順で包み、電子レンジ(600W)で4分温めて、温かいうちにボウルに入れて潰して冷ます。
2 **1**にツナ缶、明太子、しょうゆを入れて和え、餃子の皮で包む。[P7:半円型参照]
3 フライパンにバターを溶かして、中火で**2**を並べて餃子の底面を焼く。うっすらと焼き色がついたら弱火にして蓋をし、2分蒸し焼きにする。

ししとう丸ごと1本包む棒餃子

豚肉とししとうのピリッとした味わいはビールにも合います。

材料 20〜25個分

餃子の皮…20〜25枚
ししとう…20〜25本

A | 豚ひき肉…150g
白ねぎ(みじん切り)…1/2本(40g)
塩…小さじ1/2

油…大さじ1

生姜しょうゆタレ

しょうゆ…大さじ1
すりおろししょうが…小さじ1
酢…小さじ1

作り方

1 ししとうは破裂防止のため、爪楊枝で一箇所表面に穴をあける。ボウルに**A**を入れてこねる。

2 餃子の皮にししとう1本、**A**のタネをのせてししとうの下側の皮を内に一回折り込み、左右を丸く包む。

3 フライパンに油をひき、中火で**2**を並べて2〜3分焼く。皮の表面に焼き色がついたら、水100mlを入れて蓋をして、水気がなくなるまで蒸し焼きにする。

4 器に取り出し、混ぜた生姜しょうゆタレをつけていただく。

焼き餃子

豚肉と納豆焼き餃子

豚肉の旨みと納豆の風味はやみつき間違いなしの和風餃子。

材料 20〜25個分

餃子の皮…20〜25枚

A
- 豚ひき肉…200g
- ひきわり納豆(タレ不使用で混ぜる)…1パック(40g)
- 焼のり(細かくちぎる)…1枚(17cm×6cm)
- しょうゆ…大さじ1
- 塩…ひとつまみ

ごま油…大さじ1

ごましょうゆタレ

- しょうゆ…大さじ1
- 酢…小さじ2
- いりごま(白)…小さじ1/2

作り方

1. ボウルにAを入れてこねる。
2. 1を餃子の皮で包む。[P6:定番型参照]
3. フライパンにごま油をひき、中火で2を並べて2〜3分焼く。皮の表面に焼き色がついたら、水100mlを入れて蓋をして、水気がなくなるまで蒸し焼きにする。
4. 器に取り出し、混ぜたごましょうゆタレをつけていただく。

かつお節まみれ！おかか鮭焼き餃子

鮭×みそ×バターでちゃんちゃん焼きのような味わいに。

焼き餃子

材料 20〜25個分

餃子の皮…20〜25枚
鮭(甘塩)…2切れ(160g)
キャベツ(みじん切り)…100g
A ┃ かつお節…1パック(4g)
　┃ しょうゆ…小さじ2
　┃ みそ…小さじ2
　┃ 溶かしバター…5g
油…大さじ1
[トッピング]
かつお節…1パック(4g)

作り方

1　ボウルにキャベツ、塩ひとつまみ（分量外）を入れて揉み込み、水気をしっかりときる。
2　鮭は生の状態で皮をとり、身を粗めに叩き、1のボウルに入れ、Aも入れて混ぜる。
3　2を餃子の皮で包む。[P6：定番型参照]
4　フライパンに油をひき、中火で3を並べて2〜3分焼く。皮の表面に焼き色がついたら、水100mlを入れて蓋をして、水気がなくなるまで蒸し焼きにする。
5　器に取り出し、トッピングのかつお節を散らす。

鶏と里芋の塩昆布焼き餃子

里芋のねっとり食感が餃子のタネに意外な相性。

材料 20〜25個分

餃子の皮…20〜25枚
鶏むねひき肉…130g
里芋(ボイル・チルドパック)…150g
塩昆布(みじん切り)…15g
ごま油…大さじ1

（梅タレ）

梅干し(種をとり・実を叩く)…1個(15g)
水…大さじ1/2
しょうゆ…小さじ1/2

作り方

1. ボウルに里芋を入れ、ヘラで潰してなめらかにする。
2. 1に鶏ひき肉、塩昆布を入れてこねる。
3. 2を餃子の皮で包む。[P7:半円型参照]
4. フライパンにごま油をひき、中火で2を並べて2〜3分焼く。皮の表面に焼き色がついたら、水100mlを入れて蓋をして、水気がなくなるまで蒸し焼きにする。
5. 器に取り出し、混ぜた梅タレをかける。

海老シュウマイ風焼き餃子

外をカリッと焼くことで、シュウマイともひと味違う味わいへ。

材料 20〜25個分

餃子の皮…20〜25枚

A
- 豚ひき肉…160g
- むきえび(粗みじん切り)…50g
- 白ねぎ(みじん切り)…1/3本(30g)
- しょうが(みじん切り)…1/2片(10g)
- 酒…小さじ1
- しょうゆ…小さじ1
- ごま油…小さじ1
- 塩…小さじ1/2

油…大さじ1

からししょうゆタレ

- しょうゆ…大さじ1
- 酢…小さじ1
- ねりからし…小さじ1/2

作り方

1 ボウルに**A**を入れてこねる。
2 **1**を餃子の皮で包む。[P9：一口丸型参照]
3 フライパンに油をひき、中火で**2**の底面を下に並べて3分焼く。皮の底面に焼き色がついたら、水100mlを入れて蓋をして、水気がなくなるまで蒸し焼きにする。
4 器に取り出し、混ぜたからししょうゆタレをつけていただく。

焼き餃子

ゴーヤチャンプルー風焼き餃子

沖縄の定番料理をかつお節とたまごで本格的にアレンジ。

材料 20〜25個分

餃子の皮…20〜25枚
豚ひき肉…180g
ゴーヤ…1/3本(50g)
たまご…1個
A │ かつお節…1パック(4g)
　│ しょうゆ…大さじ1
　│ オイスターソース…大さじ1
油…大さじ1

おかかしょうゆ

しょうゆ・酢…各小さじ2
かつお節…1/2パック(2g)

作り方

1. ゴーヤはワタをとり、1cm角に切り、塩少々(分量外)をふって揉み込み、水で洗い、水気をきる。
2. フライパンに油小さじ2(分量外)をひき、中火で溶いたたまごを入れてスクランブルエッグを作り、冷ます。
3. ボウルに**1**、**2**、豚ひき肉、**A**を入れてこねる。
4. **3**を餃子の皮で包む。[P6:定番型参照]
5. フライパンに油をひき、中火で**4**を並べて2〜3分焼く。皮の表面に焼き色がついたら、水100mlを入れて蓋をして、水気がなくなるまで蒸し焼きにする。
6. 器に取り出し、混ぜたおかかしょうゆをのせていただく。

蒸し餃子

食卓のおかずとしても活躍しそうな、お惣菜系餃子。

蒸し餃子

水切り豆腐と枝豆の和風蒸し餃子

肉や魚介を使わないヘルシー餃子。みそと大葉で味にメリハリを。

材料 20〜25個分

餃子の皮…20〜25枚
木綿豆腐…1/2丁(150g)

A | 枝豆(冷凍・むき身)…100g
大葉(千切り)…8枚
みそ…大さじ1

酢みそタレ

酢…大さじ2
みそ…小さじ1
砂糖…ひとつまみ

作り方

1 豆腐はキッチンペーパーで二重に包み、重し(豆腐の1.5倍分の重さ)をのせて、1時間ほど水切りをする。ボウルに入れて、Aと一緒に混ぜる。
2 1を餃子の皮で包む。[P7:折り込み型参照]
3 蒸し器に2を入れて中火で温める。沸騰したら、弱めの中火で8〜10分蒸す。
4 器に取り出し、混ぜた酢みそタレをつけていただく。

よだれ鶏風蒸し餃子

黒酢がきいたタレとパクチーを散らして、タレも一体化した新餃子。

材料 20〜25個分

餃子の皮…20〜25枚
鶏ももひき肉…180g
白菜…100g
塩…小さじ1/4

黒酢パクチーダレ

パクチー(ざく切り)…1株
小ねぎ(小口切り)…2本
黒酢…大さじ2
しょうゆ…小さじ2
ラー油…適量

作り方

1 白菜はみじん切りにして、塩ひとつまみ(分量外)を入れて揉み込み、水気をしっかりときる。
2 ボウルに鶏ひき肉、1、塩を入れてこねる。
3 2を餃子の皮で包む。[P6:定番型参照]
4 蒸し器に3を入れて中火で温める。沸騰したら、弱めの中火で8〜10分蒸す。
5 器に取り出し、黒酢パクチーダレの黒酢、しょうゆをかけ、パクチー、小ねぎを添え、ラー油を適量かける。

ニラ玉蒸し餃子

ニラ玉炒めをイメージ。スクランブルエッグを入れるのがポイント。

材料 20〜25個分

餃子の皮…20〜25枚
豚ひき肉…130g
ニラ（みじん切り）…2本(15g)
たまご…2個
オイスターソース…大さじ1
しょうゆ…小さじ1
油…小さじ2

オイスター酢胡椒

酢…大さじ2
オイスターソース…小さじ2
黒こしょう…ふたつまみ

作り方

1 フライパンに油をひき、中火で溶いたたまごを流し入れて、スクランブルエッグを作り冷ます。

2 ボウルに豚ひき肉、ニラ、**1**、オイスターソース、しょうゆを入れてこねる。

3 **2**を餃子の皮で包む。[P7:半円型参照]

4 蒸し器に**3**を入れて中火で温める。沸騰したら、弱めの中火で8〜10分蒸す。

5 器に取り出し、混ぜたオイスター酢胡椒につけていただく。

蒸し餃子

まるで小籠包みたいな蒸し餃子

（鶏肉ver）

鶏出汁をゼラチンで固めてから混ぜることで、
じゅわ〜っと肉汁が口の中に広がります。
レンゲにのせてパクッといただいて。

蒸し餃子

材料 20〜25個分

餃子の皮…20〜25枚

A
鶏ももひき肉…180g
白ねぎ(みじん切り)…1/2本(40g)
しょうが(すりおろし)…小さじ1
しょうゆ…小さじ2
ゼラチン固め…全量 [作り方**1**参照]

（ 小籠包タレ ）

しょうが(千切り)…1片
酢…小さじ2
しょうゆ…小さじ2
ラー油…小さじ1/4

作り方

1 [ゼラチン固めを作る]熱湯100mlに粉ゼラチン2.5g、鶏ガラスープの素大さじ1/2を溶かして、粗熱がとれたら冷蔵庫に入れて固める。使用するときはフォークで粗めに崩す。

2 ボウルに**A**を入れてこねる。

3 **2**を餃子の皮で包む。[P6:定番型参照]

4 蒸し器に**3**を入れて中火で温める。沸騰したら、弱めの中火で7〜8分蒸す。

5 器に取り出し、混ぜた小籠包タレをつけていただく。

まるで小籠包みたいな蒸し餃子
（豚肉ver）

豚肉バージョンは鶏肉に比べて肉々しさ満点。
鶏と豚の旨みの掛け合わせを楽しんで。
せいろに入れると見た目も小籠包のよう。

蒸し餃子

材料 20〜25個分

餃子の皮…20〜25枚

A
| 豚ひき肉…150g
| 白ねぎ(みじん切り)…1/2本(40g)
| にんにく(すりおろし)…小さじ1
| オイスターソース…小さじ2
| しょうゆ…小さじ1
| ゼラチン固め…全量 [作り方**1**参照]

小籠包タレ

しょうが(千切り)…1片
酢…小さじ2
しょうゆ…小さじ2
ラー油…小さじ1/4

作り方

1 [ゼラチン固めを作る] 熱湯100mlに粉ゼラチン2.5g、鶏ガラスープの素大さじ1/2を溶かして、粗熱がとれたら冷蔵庫に入れて固める。使用するときはフォークで粗めに崩す。

2 ボウルに**A**を入れてこねる。

3 **2**を餃子の皮で包む。[P9：小籠包型参照]

4 蒸し器に**3**を入れて中火で温める。沸騰したら、弱めの中火で7〜8分蒸す。

5 器に取り出し、混ぜた小籠包タレをつけていただく。

55

高菜と明太子の蒸し餃子

おにぎりで定番の高菜明太の組み合わせを餃子でも。

材料 20～25個分

餃子の皮…20～25枚

A
- 豚ひき肉…160g
- しめじ（みじん切り）…1/2パック（50g）
- 高菜漬け（味付け・みじん切り）…40g
- 明太子（皮をはぎ、身をほぐす）…1腹（40g）
- ごま油…小さじ1

作り方

1 ボウルにAを入れてこねる。
2 1を餃子の皮で包む。[P6:定番型参照]
3 蒸し器に2を入れて中火で温める。沸騰したら、弱めの中火で8～10分蒸す。
4 器に取り出し、そのままいただく。

ブランダード蒸し餃子

タラとじゃがいもをペーストにした南仏料理、ブランダードをイメージ。

材料 20～25個分

餃子の皮…20～25枚
塩タラ…2切れ(160g)
じゃがいも…小1個(100g)

A
- イタリアンパセリ(みじん切り)…2枝(2g)
- マヨネーズ…大さじ2
- すりおろしにんにく…小さじ1/2
- 塩…小さじ1/2

作り方

1 タラは皮をとり、身を粗めに潰す。
2 じゃがいもは水にさらし、ラップに包んで、電子レンジで3分温め、温かいうちに潰して冷まし、ボウルに入れ、1、Aも入れて混ぜる。
3 2を餃子の皮で包む。[P7:半円型参照]
4 蒸し器に3を入れて中火で温める。沸騰したら、弱めの中火で8～10分蒸す。
5 器に取り出し、そのままいただく。

カリフラワーのアンチョビバター蒸し餃子

カリフラワーが主役の野菜たっぷり餃子にアンチョビのアクセント。

材料 20〜25個分

餃子の皮…20〜25枚
豚ひき肉…150g
カリフラワー(小房)…1/2株(140g)
アンチョビ(みじん切り)…6本(30g)
バター(有塩)…10g

作り方

1 たっぷり沸かした熱湯にカリフラワーを入れて5分ほどゆで、水気をしっかりときり、冷ましてフォークで潰す。
2 ボウルに**1**、豚ひき肉、アンチョビ、バターを入れてこねる。
3 **2**を餃子の皮で包む。[P8:三角型参照]
4 蒸し器に**3**を入れて中火で温める。沸騰したら、弱めの中火で8〜10分蒸す。
5 器に取り出し、そのままいただく。

ゴルゴンゾーラ香る！マッシュルーム蒸し餃子

ゴルゴンゾーラの風味と旨みの強いマッシュルームのマリアージュが抜群。

蒸し餃子

材料 20〜25個分

餃子の皮…20〜25枚

A ┃ ベーコン…150g
　┃ マッシュルーム白…4個（60g）
　┃ ゴルゴンゾーラ…50g

レモンペッパー

カットレモン（1/8）…2個
黒こしょう…小さじ1/4

作り方

1. フードプロセッサーにAを入れてなめらかになるまで攪拌する。または、みじん切りにしてこねる。
2. 1を餃子の皮で包む。[P7:折り込み型参照]
3. 蒸し器に2を入れて中火で温める。沸騰したら、弱めの中火で8〜10分蒸す。
4. 器に取り出し、レモンと黒こしょうをつけていただく。

ぷりっぷり！海老のねぎ塩蒸し餃子

素材の味を引き立てる、あっさりとしたねぎ塩味。
ごま油と塩のシンプルなタレがよく合います。
プリっとした海老の食感も至福な味わいです。

蒸し餃子

材料 20〜25個分

餃子の皮…20〜25枚

A
| むきえび(粗みじん切り)…150g
| 鶏ももひき肉…50g
| 白ねぎ(みじん切り)…1/2本(40g)
| 塩…小さじ1/2
| 鶏ガラスープの素(顆粒)…小さじ1/2
| すりおろしにんにく…小さじ1/2
| ごま油…小さじ2

ごま油塩

ごま油…小さじ2
塩…ひとつまみ

作り方

1 ボウルに**A**を入れてこねる。
2 **1**を餃子の皮で包む。[P6:定番型参照]
3 蒸し器に**2**を入れて中火で温める。沸騰したら、弱めの中火で8〜10分蒸す。
4 器に取り出し、混ぜたごま油塩につけていただく。

しらすのペペロンチーノ蒸し餃子

にんにくの香りとしらすの旨みが広がるイタリアン餃子。

材料 20〜25個分

餃子の皮…20〜25枚
鶏ももひき肉…180g
しらす干し…50g
にんにく(みじん切り)…1片(5g)
鷹の爪(種をとる・輪切り)…1本
粉チーズ…小さじ2
塩・黒こしょう…各小さじ1/2
オリーブ油…大さじ1

作り方

1 フライパンにオリーブ油をひき、弱火でにんにく、鷹の爪をじっくり炒める。香りがたってきたら、一度冷ます。
2 ボウルに**1**、しらす干し、鶏ひき肉、粉チーズ、塩、黒こしょうを入れてよくこねる。
3 **2**を餃子の皮で包む。[P8:四角型参照]
4 蒸し器に**3**を入れて中火で温める。沸騰したら、弱めの中火で8〜10分蒸す。
5 器に取り出し、そのままいただく。

ドライトマトのパセリ蒸し餃子

ドライトマトは乾燥のままタネに入れてじっくりと冷蔵庫で休ませるのがコツ。

材料 20〜25個分

餃子の皮…20〜25枚

A
- 豚ひき肉…180g
- ドライトマト(みじん切り)…30g
- パセリ(みじん切り)…2枝(10g)
- 塩…小さじ1/4

(サワーソース)

- ヨーグルト…大さじ2
- マヨネーズ…小さじ2
- 塩・黒こしょう…各少々

作り方

1 ボウルにAを入れてこねる。ドライトマトをふやかすために、20分ほど冷蔵庫で休ませる。
2 1を餃子の皮で包む。[P8:三角型参照]
3 蒸し器に2を入れて中火で温める。沸騰したら、弱めの中火で8〜10分蒸す。
4 器に取り出し、混ぜたサワーソースにつけていただく。

蒸し餃子

鶏ささみとわかめの生姜蒸し餃子

わかめの弾力食感に生姜やみょうがの爽やかなアクセント。

材料 20～25個分

餃子の皮…20～25枚
鶏ささみ…3本(180g)
わかめ(乾燥)…3g
A│しょうが(千切り)…2片(20g)
 │マヨネーズ…大さじ1
 │しょうゆ…小さじ1
塩…小さじ1/4

(みょうがポン酢)

ポン酢しょうゆ…大さじ2
みょうが(みじん切り)…1本

作り方

1 わかめは水に浸して、水気をしっかりときり、ささみは削ぎ切りにして塩を揉み込む。
2 ボウルに**1**、**A**を入れて混ぜる。
3 **2**を餃子の皮で包む。[P6:定番型参照]
4 蒸し器に**3**を入れて中火で温める。沸騰したら、弱めの中火で8～10分蒸す。
5 器に取り出し、混ぜたみょうがポン酢をかけていただく。

豚肉と筍の梅ひじき蒸し餃子

筍のシャキシャキ食感とひじきの風味、梅の酸味が調和した和風餃子。

材料 20〜25個分

餃子の皮…20〜25枚
豚ひき肉…180g
たけのこ（水煮）…50g
梅干し（種をとり実を叩く）…2個（30g）
ひじき（乾燥）…2g

作り方

1. たけのこは水気をきって、6〜7mm角に切る。ひじきは水に戻して、水気をしっかりときる。
2. ボウルに豚ひき肉、**1**、梅干しを入れて混ぜる。
3. **2**を餃子の皮で包む。[P7:折り込み型参照]
4. 蒸し器に**3**を入れて中火で温める。沸騰したら、弱めの中火で8〜10分蒸す。
5. 器に取り出し、そのままいただく。

塩麹むね肉の発酵蒸し餃子

鶏むね肉に塩麹を漬けるのがポイント。一晩漬けるとより美味に。

材料 20〜25個分

餃子の皮…20〜25枚
鶏むね肉…180g
キャベツ（みじん切り）…100g
塩麹…大さじ2

（塩麹しょうゆ）

しょうゆ…大さじ2
塩麹…小さじ1
鷹の爪（種をとる・輪切り）…1/4本

作り方

1. 鶏むね肉は削ぎ切りにし、さらに細切りにして、塩麹で揉み込み、2時間以上漬ける。
2. ボウルにキャベツを入れ、塩ひとつまみ（分量外）を入れて揉み込み、水気をしっかりときる。
3. 2のボウルに**1**を入れてこねる。
4. **3**を餃子の皮で包む。[P7:半円型参照]
5. 蒸し器に**4**を入れて中火で温める。沸騰したら、弱めの中火で8〜10分蒸す。
6. 器に取り出し、混ぜた塩麹しょうゆにつけていただく。

口当たりの良い水餃子は、意外にも洋風アレンジと好相性。

水餃子

キャロットラペ風水餃子

にんじんのマリネを餃子のタネに。サラダを食べているような新感覚餃子。

材料 20〜25個分

餃子の皮…20〜25枚
ツナ缶(オイル漬)…2缶(140g)
にんじん…1/2本(75g)
白ワインビネガー…大さじ1
塩…小さじ1/2

（粒マスタードビネガータレ）

白ワインビネガー…大さじ1
粒マスタード…小さじ1/2

作り方

1 ツナ缶の汁気はきる。にんじんは千切りにして、塩半量で揉み込み、水気をしっかりときり、ボウルに白ワインビネガー、ツナ、にんじん、残りの塩を入れて混ぜる。

2 1を餃子の皮で包む。[P7:折り込み型参照]

3 たっぷり沸かした熱湯に2を入れて、3〜4分ほど煮て、ザルにあげる。

4 器に取り出し、混ぜた粒マスタードビネガータレをつけていただく。

生ハムとアボカドの水餃子

クミン塩をアクセントにした洋風餃子。アボカドの甘さも楽しんで！

材料 20〜25個分

餃子の皮…20〜25枚
生ハム…20〜25枚(160g)
アボカド…1個(150g)
マヨネーズ…大さじ1

（クミン塩）

クミンシード(みじん切り)…小さじ1/2
塩…小さじ1/2

作り方

1 アボカドは1cm角に切り、マヨネーズと和える。

2 餃子の皮に生ハム→1の順にのせて包む。[P10:マンドゥ型参照]

3 たっぷり沸かした熱湯に2を入れて、2〜3分ほど煮て、ザルにあげる。

4 器に取り出し、混ぜたクミン塩をつけていただく。

クラムチャウダー水餃子

クラムチャウダーの具材を餃子の中へ。噛んだ瞬間、旨みが広がります。

材料 20〜25個分

餃子の皮…20〜25枚
あさりのむき身(冷凍・解凍済)…100g
ベーコン(みじん切り)…50g
じゃがいも…1/2個(50g)
塩・黒こしょう…各小さじ1/4

スープ

牛乳…400ml
コンソメスープの素…小さじ1と1/2
バター(有塩)…10g
片栗粉…大さじ1
水…大さじ1

作り方

1 じゃがいもは表面を水で洗い、ラップに包んで、電子レンジ(600W)で2分温め、温かいうちに潰して、冷めたらあさり、ベーコン、塩、黒こしょうを入れてこねる。

2 1を餃子の皮で包む。[P7:半円型参照]

3 [スープを作る]鍋に牛乳、コンソメスープの素、バターを入れて温める。水面がフツフツとしてきたら、片栗粉を水で溶いてゆっくり流し入れ、とろみをつける。

4 たっぷり沸かした熱湯に2を入れて、3〜4分煮て、3のスープに入れる。お好みで黒こしょう、パセリ(分量外)を散らしても。

水餃子

スモークサーモンとディルの北欧水餃子

サーモンとディルで北欧の煮込み料理をイメージ。サワー系のタレが爽やか。

材料 20〜25個分

餃子の皮…20〜25枚
スモークサーモン…120g
じゃがいも…小1個(100g)
ディル…4枝
クリームチーズ…キューブ4個(約65g)
塩…小さじ1/4

(サワーヨーグルトタレ)

ヨーグルト…大さじ2
レモン汁…小さじ1

作り方

1 スモークサーモンは細かく切る。じゃがいもは表面を水で洗い、ラップに包んで、電子レンジ(600W)で3分温め、温かいうちに潰して冷ます。ディルは茎から葉をとり、細かく切る。
2 ボウルに**1**、クリームチーズ、塩を入れて混ぜる。
3 **2**を餃子の皮で包む。[P10:ラビオリ型参照]
4 たっぷり沸かした熱湯に**3**を入れて、3〜4分ほど煮て、ザルにあげる。
5 器に取り出し、混ぜたサワーヨーグルトタレをつけていただく。

トマトとベーコンの洋風水餃子

トマトとベーコンの相性の良い組み合わせにバジルで風味付け。

材料 20〜25個分

餃子の皮…20〜25枚
ベーコン…180g
トマト…小1個(100g)
塩…ひとつまみ

(トマトバジルタレ)

トマト汁…大さじ2〜3
乾燥バジル…ひとつまみ
塩…ひとつまみ
オリーブ油…小さじ1/4

作り方

1　ベーコンは細かく切る。トマトは角切りにして、ボウルの上にザルを置いてトマトを入れ、ヘラで潰して、水気をきる。(トマト汁はタレに使用)
2　別のボウルに1と塩を入れて混ぜる。
3　2を餃子の皮で包む。[P8：三角型参照]
4　たっぷり沸かした熱湯に3を入れて、3〜4分ほど煮て、ザルにあげる。
5　器に取り出し、混ぜたトマトバジルタレをつけていただく。

豚肉とキャベツの豆乳スープ餃子

キャベツとザーサイの歯ごたえが楽しめる
台湾のシェントウジャンをイメージして作ったスープ餃子。
豆乳のまろやかな味わいがしみる1品です。

材料 20〜25個分

餃子の皮…20〜25枚
豚ひき肉…180g
キャベツ(5mm角に切る)…100g
ザーサイ(味付け・粗めのみじん切り)…30g
オイスターソース…大さじ1と1/2

豆乳スープ

無調整豆乳…400ml
鶏ガラスープの素…小さじ2

[トッピング]

小ねぎ(斜めに切る)…2本
ラー油…お好み

水餃子

作り方

1 キャベツは塩ひとつまみ(分量外)を揉み込み、水気をしっかりときる。

2 ボウルに**1**、豚ひき肉、ザーサイ、オイスターソースを入れてこねる。

3 **2**を餃子の皮で包む。[P6:定番型参照]

4 [豆乳スープを作る] 鍋に豆乳、鶏ガラスープの素を入れて中火で温める。

5 たっぷり沸かした熱湯に、**3**を入れて3〜4分ほど煮て、ザルにあげ、**4**のスープと合わせる。

6 器に取り出し、食べる直前に小ねぎ、ラー油をかける。

台湾風酢白菜水餃子

台湾の酢白菜鍋を餃子に。白菜漬けは古漬けが酸味が強くおすすめ。

材料 20～25個分

餃子の皮…20～25枚
豚ひき肉…160g
白菜漬け（市販）…100g
A　しょうゆ…小さじ2
　　オイスターソース…小さじ2
　　酢…小さじ1

ねりごまタレ

ねりごま（白）…小さじ2
みそ…小さじ1
マヨネーズ…小さじ1

作り方

1. 白菜漬けは汁気をしっかりと絞って、水気をきり、粗めのみじん切りにする。
2. ボウルに**1**、豚ひき肉、**A**を入れてこねる。
3. **2**を餃子の皮で包む。[P7:折り込み型参照]
4. たっぷり沸かした熱湯に**3**を入れて、3～4分ほど煮て、ザルにあげる。
5. 器に取り出し、混ぜたねりごまタレをのせていただく。

桜エビとニラの担々水餃子

桜エビのみじん切りがポイント。海老の風味が広がる海鮮系水餃子。

材料 20〜25個分

餃子の皮…20〜25枚

A
- 豚ひき肉…200g
- ニラ(小口切り)…2本(15g)
- 桜エビ(みじん切り)…10g
- みそ…小さじ2
- すりごま(白)…小さじ2
- すりおろしにんにく…小さじ1/2
- 豆板醤…小さじ1/4

マヨごまタレ

豆乳…大さじ1
マヨネーズ…大さじ1
すりごま(白)…小さじ1/2

作り方

1 ボウルにAを入れてこねる。
2 1を餃子の皮で包む。[P10:マンドゥ型参照]
3 たっぷり沸かした熱湯に2を入れて、3〜4分ほど煮て、ザルにあげる。
4 器に取り出し、混ぜたマヨごまタレをつけていただく。お好みで刻んだ小ねぎやラー油(分量外)をかけても。

鶏肉とクレソンのアジアンスープ餃子

ベトナムで食べた鶏肉とクレソンの組み合わせを参考にアレンジ。
クレソンのピリ辛さがクセになる美味しさです。
ナンプラースープで異国情緒が漂います。

材料 20〜25個分

餃子の皮…20〜25枚

A
| 鶏ももひき肉…180g
| クレソン(2〜3mm幅の小口切り)…2束(40g)
| 白ねぎ(みじん切り)…1/4本(20g)
| 酒…小さじ2
| ナンプラー…小さじ2

（ナンプラースープ）

水…400ml
レモン汁…大さじ1
ナンプラー…小さじ2
黒こしょう…少々
レモンの輪切り(あれば)…適量

作り方

1 ボウルに**A**を入れてこねる。

2 **1**を餃子の皮で包む。[P9:小籠包型参照]

3 [ナンプラースープを作る] 鍋にナンプラースープの材料をすべて入れ、中火で温め、**2**を入れて4〜5分温める。

4 器に取り出し、スープごといただく。

水餃子

サルティンボッカ風水餃子

肉×生ハム×ハーブを組み合わせるサルティンボッカを一口餃子に。

材料 20〜25個分

餃子の皮…20〜25枚
豚ひき肉…150g
生ハム…50g
ローズマリー…2枝(4g)
塩・黒こしょう…各小さじ1/4

(レモンバター)

レモン汁…小さじ2
溶かしバター…2g

作り方

1 生ハムは2〜3mm幅に刻む。ローズマリーは枝から葉をとって、刻む。
2 ボウルに**1**、豚ひき肉、塩、黒こしょうを入れてこねる。
3 **2**を餃子の皮で包む。[P11:風車型参照]
4 たっぷり沸かした熱湯に**3**を入れて、3〜4分ほど煮て、ザルにあげる。
5 器に取り出し、混ぜたレモンバターをつけていただく。お好みで黒こしょう(分量外)をふっても。

はんぺんとゆかりのチーズ水餃子

はんぺんのふんわり感とピザ用チーズの風味が相性抜群。冷たくても◎。

材料 20〜25個分

餃子の皮…20〜25枚
はんぺん…3枚(約330g)
赤じそふりかけ…小さじ2
ピザ用チーズ…60g

作り方

1 はんぺんは麺棒などですり潰し、ボウルに入れ、赤じそふりかけ、ピザ用チーズと一緒に混ぜる。
2 **1**を餃子の皮で包む。[P6:定番型参照]
3 たっぷり沸かした熱湯に**2**を入れて、3〜4分ほど煮て、ザルにあげる。
4 器に取り出し、そのままいただく。

トマトすき焼き餃子

割り下に濃厚な飴色玉ねぎがたっぷり入った餃子が相性抜群。
爽やかなトマトの酸味もアクセントに。
口当たりをまろやかにしてくれる、たまごに絡めてどうぞ。

材料 20〜25個分

餃子の皮…20〜25枚

A | 牛ひき肉…180g
飴色玉ねぎ…[作り方1参照]
エリンギ(みじん切り)…1本(50g)

春菊(3〜4cmの長さに切る)…1/2束(80g)

たまごタレ

溶きたまご…2個分

割り下

トマト(1.5cm角切り)…1個(150g)
水…100ml
しょうゆ…50ml
みりん…50ml
赤ワイン…大さじ2
砂糖…大さじ2

作り方

1 [飴色玉ねぎを作る]飴色玉ねぎは、フライパンにバター10gをひき、中火で薄切り玉ねぎ1玉(200g)を炒める。しんなりとしたら、しょうゆ小さじ2で味付けをし、5分ほど炒めて冷ます。
2 ボウルに**A**を入れてこねる。
3 **2**を餃子の皮で包む。[P8:三角型参照]
4 [割り下を作る]鍋に割り下の材料をすべて入れ、中火で温める。沸騰したら、**3**を入れて蓋をし、弱めの中火で4〜5分煮る。(**3**と春菊は2〜3回に分けて入れる。)
5 たまごタレにつけていただく。

水餃子

厚揚げ豆腐としらすの冷やし水餃子

豆腐のボリュームで食べ応えのある水餃子。

材料 20～25個分

餃子の皮…20～25枚

A
- 厚揚げ豆腐(5mm角に切る)…200g
- しらす干し…40g
- 大葉(みじん切り)…10枚
- しょうゆ…小さじ1

梅おろしタレ

大根おろし…大さじ5(75g)
梅干し(種をとり叩く)…1個(15g)

作り方

1 ボウルに**A**を入れ、なめらかになるように揉み込む。
2 **1**を餃子の皮で包む。[P7:半円型参照]
3 たっぷり沸かした熱湯に**2**を入れて、3～4分ほど煮て、ザルにあげて、氷水で冷やす。
4 器に取り出し、混ぜた梅おろしタレをのせていただく。

梅とオクラの大根おろし水餃子

梅、オクラ、大根おろしの組み合わせは鉄板。夏場にもピッタリ。

材料 20～25個分

餃子の皮…20～25枚

A
- 鶏ももひき肉…180g
- オクラ（粗めのみじん切り）…5本(50g)
- 梅干し（種をとり叩く）…2個分(30g)

大根おろしポン酢

大根おろし…大さじ4(60g)
ポン酢しょうゆ…大さじ1

作り方

1. ボウルにAを入れてこねる。
2. 1を餃子の皮で包む。[P6:定番型参照]
3. たっぷり沸かした熱湯に2を入れて、3～4分ほど煮て、ザルにあげ、氷水で冷やす。
4. 器に取り出し、混ぜた大根おろしポン酢をのせていただく。

水餃子

砂肝と長芋のしょうゆ麹水餃子

砂肝の歯ごたえと長芋のシャキシャキ食感が楽しめる1品。

材料 20〜25個分

餃子の皮…20〜25枚
砂肝…150g
長芋…100g
塩麹…大さじ1
しょうゆ…小さじ2

（ポン酢ラー油）

ポン酢しょうゆ…大さじ1
ラー油…4滴

作り方

1　砂肝は銀皮を削いで、薄切りにする。長芋は千切りにする。
2　ボウルに**1**、塩麹、しょうゆを入れて混ぜる。
3　**2**を餃子の皮で包む。[P7:半円型参照]
4　たっぷり沸かした熱湯に**3**を入れて、3〜4分ほど煮て、ザルにあげる。
5　器に取り出し、混ぜたポン酢ラー油をつけていただく。

鶏肉と切り干し大根の柚子胡椒水餃子

切り干し大根の食感と柚子胡椒のピリッとくる辛さを楽しんで。

材料 20〜25個分

餃子の皮…20〜25枚
鶏ももひき肉…180g
切り干し大根（乾燥）…20g
A ｜ 柚子胡椒…小さじ1
　　 酒…小さじ2
　　 しょうゆ…小さじ2

作り方

1 たっぷりのぬるま湯に切り干し大根を戻して、1cm幅に切る。
2 ボウルに**1**、鶏ひき肉、**A**を入れてこねる。
3 **2**を餃子の皮で包む。[P10：マンドゥ型参照]
4 たっぷり沸かした熱湯に**3**を入れて、3〜4分ほど煮て、ザルにあげる。
5 器に取り出し、そのままいただく。

もつ鍋風餃子鍋

ホルモンの代わりに餃子でもつ鍋風に。具だくさんで食べ応え抜群！

材料 20〜25個分

餃子の皮…20〜25枚
豚ひき肉…180g
キャベツ(5mm角に切る)…100g
もやし…1パック(200g)
ニラ(4cm長さに切る)…2本
バター(有塩)…10g
A ┃ 酒…小さじ2
　 ┃ すりおろしにんにく…小さじ1/2
　 ┃ 塩…小さじ1/2

鍋スープ

水…800ml
鷹の爪(種をとる・小口切り)…1本
しょうゆ…小さじ2
鶏ガラスープの素(顆粒)…小さじ2

作り方

1 キャベツは塩ひとつまみ(分量外)で揉み込み、水気をしっかりときる。
2 ボウルに1、豚ひき肉、Aを入れて揉み込む。
3 2を餃子の皮で包む。[P6:定番型参照]
4 [鍋スープを作る]鍋に鍋スープの材料をすべて入れて沸かし、3を入れて4〜5分煮る。
5 4にもやしを入れ、火が通るまで煮て、最後にニラ、バターをのせ、お好みで鷹の爪(分量外)をトッピングしても。

サクサク食感が楽しめて、気軽につまめる揚げ餃子は、パーティーシーンにもおすすめ。

揚げ餃子

海老1本包み！エビフライ揚げ餃子

エビフライよりもリッチな味わい。餃子の皮も大判だと包みやすい。

材料 10個分

餃子の皮…10枚
海老(尾付き)…10尾
A │ 鶏ももひき肉…60g
　│ 白ねぎ…1/4本(20g)
　│ 塩・黒こしょう…各小さじ1/3
揚げ油…適量

タルタルソース

ゆでたまご…1個
B │ マヨネーズ…小さじ2
　│ 牛乳…小さじ2
　│ 塩…ひとつまみ

作り方

1 海老は背と腹に3箇所ほど2mmほどの切り込みを入れて、ピンとまっすぐになるようにする。

2 ボウルに**A**を入れてこねる。

3 餃子の皮に**2**、海老の順にのせて海老の下側の皮を内に一回折り込み、左右を丸く包む。

4 170度の揚げ油できつね色になるまで3〜4分揚げる。バットに取り出して、余計な油をきる。

5 [タルタルソースを作る]ボウルにゆでたまごを入れて潰し、**B**を入れて味付けする。

6 **4**を器に移し、**5**のタルタルソースを添えていただく。お好みでドライパセリ(分量外)をふっても。

インド風サモサ揚げ餃子

ひき肉とじゃがいもをカレー味で包んだインド料理、サモサをイメージ。

材料 20〜25個分

餃子の皮…20〜25枚
豚ひき肉…160g
じゃがいも…小1個(100g)
ピザ用チーズ…40g
カレー粉…小さじ1
クミンシード…小さじ1/3
塩…小さじ1/2
油…小さじ2
揚げ油…適量

作り方

1 じゃがいもは皮をむき、水に濡らしてラップに包み、電子レンジ(600W)で3分温め、温かいうちに潰して冷ます。

2 フライパンに油をひき、弱火でクミンシードを炒める。香りがたってきたら、豚ひき肉、塩半量を入れて、そぼろ状に火が通るまで炒めて冷まし、**1**、残りの塩、カレー粉、ピザ用チーズを入れて混ぜる。

3 **2**を餃子の皮で包む。[P8：三角型参照]

4 170度の揚げ油できつね色になるまで3〜4分揚げる。

5 バットに取り出して、余計な油をきり、器に移し、そのままいただく。

ラム肉とパクチーのクミン揚げ餃子

クセのあるラムも、パクチーやクミンと合わせると好相性。

材料 20〜25個分

餃子の皮…20〜25枚
ラム肉(もも)…180g

A {
パクチー(みじん切り)…1束(10g)
クミンシード…小さじ1/2
塩…小さじ1/2
}

揚げ油…適量

(チリパクチー)

パクチー(1〜2cmのざく切り)…1束(10g)
チリパウダー…小さじ1/3
塩…小さじ1/3

作り方

1 ラム肉は包丁で叩く。

2 ボウルに**1**、**A**を入れてこねる。

3 **2**を餃子の皮で包む。[P7：折り込み型参照]

4 170度の揚げ油できつね色になるまで3〜4分揚げる。

5 バットに取り出して、余計な油をきり、器に移し、混ぜたチリパクチーを添えていただく。

揚げ餃子

タイ風ラープ揚げ餃子

タイ、ラオス料理の肉とハーブを使ったサラダ、
ラープに見立ててミントをたっぷりと使った揚げ餃子。
生姜の辛みがきいたナンプラータレでどうぞ。

材料 20〜25個分

餃子の皮…20〜25枚

A
鶏ももひき肉…180g
スペアミント(手でちぎる)…葉40枚
小ねぎ(小口切り)…2個
バターピーナッツ(粗めのみじん切り)…20粒
ナンプラー…小さじ2
レモン汁…小さじ2

揚げ油…適量

生姜ナンプラータレ

レモン汁…大さじ1
ナンプラー…小さじ1
すりおろししょうが…小さじ1/2
鷹の爪(種をとる・輪切り)…1/2本

作り方

1　ボウルに**A**を入れてこねる。

2　**1**を餃子の皮で包む。[P6:定番型参照]

3　170度の揚げ油できつね色になるまで3〜4分揚げる。

4　バットに取り出して、余計な油をきり、器に移し、混ぜた生姜ナンプラータレをつけていただく。お好みでミント(分量外)を添えても。

ヤムウンセン揚げ餃子

タイ風はるさめサラダを揚げ餃子にアレンジ。

材料 20〜25個分

餃子の皮…20〜25枚
シーフードミックス(粗めに刻む)…180g
セロリ(茎:2〜3mmみじん切り・葉:ざく切り)
…1/2本(30g)
緑豆はるさめ…10g
A
　ナンプラー…大さじ1
　レモン汁…小さじ2
　砂糖…小さじ1/2
　一味唐辛子…小さじ1/2
揚げ油…適量

スイチリナンプラータレ

スイートチリソース…大さじ2
ナンプラー…小さじ1/2

作り方

1. たっぷり沸かした熱湯ではるさめを3分煮て、水気をきり、5mm幅に切る。
2. ボウルにシーフードミックス、セロリ、1、Aを入れて混ぜる。
3. 2を餃子の皮で包む。[P10:ラビオリ型参照]
4. 170度の揚げ油できつね色になるまで3〜4分揚げる。
5. バットに取り出して、余計な油をきり、器に移し、混ぜたスイチリナンプラータレをつけていただく。

黒酢あんかけ揚げ餃子

黒酢あんをたっぷりとかけた、至福の揚げ餃子。

材料 20〜25個分

餃子の皮…20〜25枚

A
- 豚ひき肉…180g
- 白ねぎ(みじん切り)…1/2本(40g)
- すりおろししょうが…小さじ2
- 酒…小さじ2
- しょうゆ…小さじ2
- 塩…小さじ1/4

揚げ油…適量

(黒酢あんかけタレ)

水…100ml
黒酢…大さじ2
しょうゆ…小さじ2
砂糖…小さじ2
鶏ガラスープの素…小さじ1
水溶き片栗粉…小さじ1

作り方

1. ボウルに**A**を入れてこねる。
2. **1**を餃子の皮で包む。[P6:定番型参照]
3. 170度の揚げ油できつね色になるまで3〜4分揚げ、バットに取り出して、余計な油をきる。
4. [黒酢あんかけタレを作る]小鍋にすべての黒酢あんかけタレの材料を入れてよく混ぜ、弱めの中火で煮立たせ、とろみがついたら火を止める。
5. 器に**3**の揚げ餃子をのせて、**4**をかける。お好みで小ねぎ(分量外)をトッピングしても。

サバ缶とキャベツの大葉揚げ餃子

サバの旨みを楽しめる餃子。大葉で爽やかなアクセントを。

材料 20〜25個分

餃子の皮…20〜25枚
サバ缶(水煮)…1缶(190g)
キャベツ(3〜4mm角に切る)…50g
大葉(みじん切り)…10枚
しょうゆ…小さじ1
揚げ油…適量

> 塩わさびごま油

ごま油…小さじ2
わさび…小さじ1/4
塩…ひとつまみ

作り方

1. サバ缶は汁気をしっかりときり、ほぐす。キャベツは塩少々(分量外)で揉み込み、水気をしっかりときる。
2. ボウルに1、大葉、しょうゆを入れて混ぜる。
3. 2を餃子の皮で包む。[P7:折り込み型参照]
4. 170度の揚げ油できつね色になるまで3〜4分揚げる。
5. バットに取り出して、余計な油をきり、器に移し、混ぜた塩わさびごま油をつけていただく。お好みで大葉(分量外)を添えても。

いかと春菊のワタみそ揚げ餃子

いかワタ×みそで濃厚な味わい。おつまみにおすすめな1品。

材料 20〜25個分

餃子の皮…20〜25枚
いか…1ぱい(180g)
春菊(1cm幅に切る)…1束(40g)
みそ…大さじ1
七味唐辛子…小さじ1/4
揚げ油…適量

作り方

1. いかは胴、ワタ、尾を分けて、背ワタ、くちばしを取り除き、胴と尾は粗めにざく切りにする。
2. ボウルに墨を外したワタ、みそを入れてなめらかになるまで混ぜ、1、春菊、七味唐辛子を一緒に和える。
3. 2を餃子の皮で包む。[P6:定番型参照]
4. 170度の揚げ油できつね色になるまで3〜4分揚げる。
5. バットに取り出して、余計な油をきり、器に移し、そのままいただく。

マンドゥ揚げ餃子

豚肉にキムチとニラが入った食欲をそそる餃子。
酢×コチュジャンのコクと酸味のあるタレがよく合います。
韓国のマンドゥは蒸しが多いですが、カリッと揚げて仕上げました。

材料 20〜25個分

餃子の皮…20〜25枚
豚ひき肉…180g
白菜キムチ…80g
A
　ニラ(みじん切り)…3本
　しょうゆ…小さじ2
　コチュジャン…小さじ1
揚げ油…適量

酢コチュジャンタレ

酢…大さじ1
コチュジャン…小さじ1

作り方

1　白菜キムチはしっかりと水気をきる。
2　ボウルに**1**、豚ひき肉、**A**を入れてこねる。
3　**2**を餃子の皮で包む。[P10:マンドゥ型参照]
4　170度の揚げ油できつね色になるまで3〜4分揚げる。
5　バットに取り出して、余計な油をきり、器に移し、混ぜた酢コチュジャンタレをつけていただく。

豚肉とれんこんの生姜揚げ餃子

豚肉とれんこんのシャキシャキ食感で食べ応えあるおかず餃子に。

材料 20〜25個分

餃子の皮…20〜25枚
豚ひき肉…180g
れんこん…80g
A ┃ すりおろししょうが…小さじ2
　 ┃ 酒…小さじ2
　 ┃ しょうゆ…小さじ2
　 ┃ 砂糖…小さじ1
揚げ油…適量

生姜酢しょうゆ

すりおろししょうが…小さじ2
しょうゆ…小さじ2
酢…小さじ2

作り方

1 れんこんは5mm角に切り、水に10分さらして、水気をきる。
2 ボウルに**1**、豚ひき肉、**A**を入れてこねる。
3 **2**を餃子の皮で包む。[P6:定番型参照]
4 170度の揚げ油できつね色になるまで3〜4分揚げる。
5 バットに取り出し、余計な油をきり、器に移し、混ぜた生姜酢しょうゆをつけていただく。

牛肉と白菜のガーリックバター揚げ餃子

ガーリックバターが効いたコク旨な1品ながら、白菜ですっきり。

材料 20〜25個分

餃子の皮…20〜25枚
牛ひき肉…180g
白菜(5mm角に切る)…100g
A
　にんにく(極みじん切り)…1片(5g)
　バター(有塩)…10g
　塩…小さじ1/2
揚げ油…適量

(ガリマヨソース)

マヨネーズ…小さじ2
すりおろしにんにく…小さじ1/4

作り方

1 ボウルに白菜、塩ひとつまみ(分量外)を入れて揉み込み、水気をしっかりときる。
2 ボウルに**1**、牛ひき肉、**A**を入れて混ぜる。
3 **2**を餃子の皮で包む。[P7:半円型参照]
4 170度の揚げ油できつね色になるまで3〜4分揚げる。
5 バットに取り出して、余計な油をきり、器に移し、混ぜたガリマヨソースをつけていただく。

揚げ餃子

豚バラ肉と千切り生姜の揚げ餃子

千切り生姜をたっぷりと入れるのがおいしさのポイント。

材料 20〜25個分

餃子の皮…20〜25枚
豚バラ切れ肉…150g
A ┃ しょうが（千切り）…2片（20g）
　┃ オイスターソース…大さじ1と1/2
　┃ マヨネーズ…小さじ2
揚げ油…適量

作り方

1　豚バラ肉は1cm幅に切る。
2　ボウルに**1**、**A**を入れて混ぜる。
3　**2**を餃子の皮で包む。[P9：小籠包型参照]
4　170度の揚げ油できつね色になるまで3〜4分揚げる。
5　バットに取り出して、余計な油をきり、器に移し、そのままいただく。

ごはんin!TKG揚げ餃子

たまごかけごはんを餃子に。ごはんを皮で包むともちもち食感がアップ。

材料 20～25個分

餃子の皮…20～25枚

A
- ごはん…150g
- 溶きたまご…1個分
- しょうゆ…小さじ1と1/2
- 塩昆布…10g
- かつお節…2パック(4g)

揚げ油…適量

作り方

1 ボウルに**A**を入れて混ぜる。
2 **1**を餃子の皮で包む。[P11：キャンディー型参照]
3 170度の揚げ油できつね色になるまで3～4分揚げる。
4 バットに取り出して、余計な油をきり、器に移し、そのままいただく。

たらこ餅チーズ揚げ餃子

餅とチーズにたらこを合わせた、おやつやおつまみに合う餃子。

外はサクッと、中はモチッと。

揚げすぎると餅がふくらむので、2分ほどでさっと揚げます。

材料 20〜25個分

餃子の皮…20〜25枚
たらこ…2腹(80g)
切り餅…1個(40g)
ピザ用チーズ…40g
揚げ油…適量

作り方

1　たらこは皮から身をそぐ。切り餅は餃子の皮の枚数に合わせて、1〜2mm幅に薄く切る。

2　餃子の皮にたらこ、切り餅、ピザ用チーズの順にのせて包む。[P7:半円型参照]

3　170度の揚げ油で2分ほど揚げる。

4　バットに取り出して、余計な油をきり、器に移し、そのままいただく。

タネを変えたりタレをつけることで、同じ揚げ餃子でも味のバリエーションを楽しめます。

揚げ餃子

109

ベーコンさつまいも揚げ餃子

ベーコンポテトパイをイメージした、さつまいもの甘さ際立つ1品。

材料 20〜25個分

餃子の皮…20〜25枚
さつまいも…150g
ベーコン（粗みじん切り）…100g
黒こしょう…小さじ1/4
揚げ油…適量

作り方

1 さつまいもは皮をむき、水に濡らして、ラップをして電子レンジ（600W）で5分温め、温かいうちに潰して冷ます。
2 ボウルに**1**、ベーコン、黒こしょうを入れて混ぜる。
3 **2**を餃子の皮で包む。[P10：ラビオリ型参照]
4 170度の揚げ油できつね色になるまで3〜4分揚げる。
5 バットに取り出して、余計な油をきり、器に移し、そのままいただく。

とうもろこしとブルーチーズの揚げ餃子

とうもろこしとブルーチーズの甘じょっぱい大人好みの組み合わせ。

材料 20〜25個分

餃子の皮…20〜25枚
とうもろこし（またはコーン缶）…1本（120g）
ブルーチーズ…80g
揚げ油　適量

作り方

1 とうもろこしは表面を濡らしてラップをし、電子レンジ（600W）で3分温め、冷まして実を削ぎ切りにする。コーン缶の場合は、汁気をきる。
2 ボウルに**1**、ブルーチーズを入れて混ぜる。
3 **2**を餃子の皮で包む。[P10：ラビオリ型参照]
4 170度の揚げ油できつね色になるまで3〜4分揚げる。
5 バットに取り出して、余計な油をきり、器に移し、そのままいただく。お好みで生ハム（分量外）を入れても美味しくいただけます。

タルタルハム揚げ餃子

たまごのふんわり食感が嬉しい、お子さんにも大人気な組み合わせ。

材料 24個分

餃子の皮…24枚
ロースハム(※おうぎ型に3等分する)…8枚
ゆでたまご(粗めに潰す)…2個
マヨネーズ…大さじ2
揚げ油…適量

（粒マスタードレモン）

粒マスタード…小さじ2
レモン汁…小さじ1/2

※ロースハムの切り方

作り方

1. ボウルにゆでたまご、マヨネーズを入れて混ぜる。
2. 餃子の皮にロースハム、**1**の順にのせて包む。[P10:ラビオリ型参照]
3. 170度の揚げ油できつね色になるまで3〜4分揚げる。
4. バットに取り出して、余計な油をきり、器に移し、混ぜた粒マスタードレモンをつけていただく。

エダジュン

料理研究家／管理栄養士

お手軽なアジアごはんや栄養を考えた料理レシピが得意。
テレビ、雑誌、ウェブ等でのレシピ提案や、
社員食堂プロデュース、大手外食チェーンとのコラボ料理、
海外でスポーツ選手の食事提供など、幅広く活動中。
本書で25冊目の書籍出版となる。

HP——— https://edajun.com/
🅞 ▶ ——— @edajun

ネオ餃子

著　　　　者：エダジュン
デ　ザ　イ　ン：久能真理
写　　　　真：鈴木信吾（SKYLIFE studio）
スタイリング：小坂 桂
撮影アシスタント：天野 由美子・栗波 美和子
協　　　　力：UTUWA

発　　行　　人：小林大介
編　　　　集：熊谷由香理
発　　行　　所：株式会社パルコ
　　　　　　　〒150-0042　東京都渋谷区宇田川町15-1
　　　　　　　https://publishing.parco.jp/

印　刷・製　本：株式会社加藤文明社

Printed in Japan　無断転載禁止
ISBN 978-4-86506-462-9 C2077
©2025 Edajun

2025年3月12日 第1刷